PETITE

GRAMMAIRE MUSICALE

PETITE
GRAMMAIRE MUSICALE

A L'USAGE
DES MAISONS D'ÉDUCATION

PAR

L'ABBÉ POIVET

PROFESSEUR AU PETIT SÉMINAIRE DE VERSAILLES

---

0 fr. 50

VERSAILLES

VERNÈDE, Éditeur

12, rue Hoche

1901

TABLEAU SOMMAIRE DES MATIÈRES[1]

PREMIÈRE PARTIE
NOTES ET MESURE

NOTES

Notions préliminaires : *notes* (2), *portée* (3), *clefs* (5, 8).
1° *Valeur*, rondes, blanches, noires, croches, etc. (9).
Cette valeur peut être modifiée par le *point* (11) ou la *liaison*.
2° Le *son* des notes dépend de la position qu'elles occupent sur l'*échelle musicale* (14). *Intervalles*, *tons*, *demi-tons* (15, 17).
Le son peut être momentanément *interrompu* ; cet arrêt est représenté par des signes, qu'on appelle *silences*.
Il peut aussi être *modifié* ou *altéré* par deux signes : le *dièse* et le *bémol* (18, 19).

MESURE

1° Elle se compose de *temps* (*forts* ou *faibles*), séparés par des barres (20, 21).
2° Deux sortes de mesures : binaires ou ternaires (22, 27).
La mesure peut être modifiée par certaines irrégularités rythmiques : le *triolet* (29), le *sextolet* (30), le *point d'orgue* et le *point d'arrêt* (31), la *syncope* et le *contre-temps* (32).
Mesures peu usitées (33).
Nuances (34, 35), mouvements. Diapason (37).

DEUXIÈME PARTIE
DE LA GAMME

GAMME DIATONIQUE DE DO

Deux sortes de gammes : *diatonique* et *chromatique* (37).
1° La *place* des notes dans la gamme détermine leur rôle : *tonique*, *médiante*, *dominante*, etc. (39).
2° Les notes sont *tonales* ou *modales* (40).
3° La *distance* des notes entre elles forme les intervalles, qui sont plus ou moins grands, c'est-à-dire majeurs ou mineurs, augmentés ou diminués, etc. (41, 45).
4° La gamme a une manière d'être spéciale, c'est le *mode* : il est majeur ou mineur (46).

FORMATION DES AUTRES GAMMES DIATONIQUES

La gamme de *do* se décompose en deux parties distinctes, ou *tétracordes* (47). Elle sert de type pour former les autres gammes, au moyen des dièses et des bémols (48).
Gammes majeures avec dièses. Leur formation (49, 53).
— avec bémols. Leur formation (54).
— Armure ou armature (59).
Gammes mineures. Leur formation (61).
— Tons *relatifs*. Leur analyse avec les gammes mineures (62).
— Comment reconnaître le mode ou le ton (64).
Gammes chromatiques. Leur formation (65).
— Différence entre les intervalles diatoniques et chromatiques (66).
Gammes spéciales. Enharmoniques ou synonymes (67).
— Homonymes (68). Tableau de ces gammes (69).

APPENDICE

Transposition écrite et à vue (70).
Modulations. Moyens de... (71).
Phrase musicale. Sa constitution (72).
Éléments de musique chiffrée (73, 75).

---

1. Les chiffres correspondent aux numéros de la *Grammaire*.

PETITE GRAMMAIRE MUSICALE

PREMIÈRE PARTIE

NOTIONS PRÉLIMINAIRES ET GÉNÉRALES

1. **La Musique** est l'art d'exprimer les sentiments par les sons. Elle se compose de deux parties bien distinctes :

« 1° De la *mélodie*, ou succession de plusieurs sons différents, qui concourent à former un ensemble agréable et flatteur pour l'oreille ;

« 2° De l'*harmonie*, ou audition simultanée de plusieurs sons différents, qui, d'accord entre eux, viennent former un harmonieux ensemble. »

2. **Notes.** *Leur forme.* — Les sons musicaux sont représentés au moyen de signes, qu'on appelle *notes*. Les notes sont au nombre de sept : *do* (ut), *ré, mi, fa, sol, la, si*. Si à ces notes on en ajoute une huitième, qui porte le même nom que la première, on obtient la *gamme*.

Il y sept formes de notes :

La ronde	𝅝	La double-croche	♬
La blanche	𝅗𝅥	La triple-croche	
La noire	♩	La quadruple-croche	
La croche	♪		

3. **Portée.** — Les notes s'écrivent sur cinq lignes horizontales, qui prennent le nom de *portée*. Elles se placent *sur* les lignes ou *entre* les lignes (interlignes). Les lignes se comptent en commençant par le bas.

```
                                              5ᵉ ligne
4ᵉ interligne...─────────────────────────── 4ᵉ ligne
3ᵉ interligne...─────────────────────────── 3ᵉ ligne
2ᵉ interligne...─────────────────────────── 2ᵉ ligne
1ʳᵉ interligne...─────────────────────────── 1ʳᵉ ligne
```

4. **Lignes supplémentaires.** — On se sert de *lignes supplémentaires*, quand les sons dépassent l'étendue ordinaire de la portée.

5. Clefs. — Un signe, placé au commencement de la portée, donne le nom aux notes. Il se nomme *clef*.

Il y a trois sortes de clefs :

6. 1° LA CLEF DE SOL 𝄞 — Elle se place sur la deuxième ligne (quelquefois sur la première). Comme les autres clefs, elle donne son nom aux notes écrites sur cette ligne, et détermine ainsi le nom des autres notes, qui se trouvent au-dessus ou au-dessous de cette ligne. Elle est employée pour les sons aigus. (*Solf.*, p. 17.)

Le *ré* médium se place au-dessous de la première ligne, et le *sol* aigu au-dessus de la cinquième.

NOTES EN DEHORS DE LA PORTÉE (LIGNES SUPPLÉMENTAIRES)

7. 2° LA CLEF DE FA 𝄢 — Elle se place sur la quatrième ligne (quelquefois sur la troisième). Elle est employée pour les sons graves. (*Solf.*, p. 46.)

Le *fa* grave se place au-dessous de la première ligne, et le *si* médium au-dessus de la cinquième.

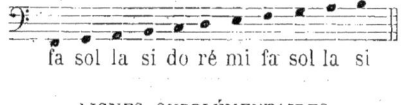

LIGNES SUPPLÉMENTAIRES

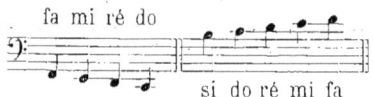

8. 3° LA CLEF D'UT 𝄡 — Elle se place sur les quatre premières lignes. Elle sert pour les sons intermédiaires, et pour certains instruments. (*Solfège*, p. 80.)

VALEUR DES NOTES

9. — La valeur ou la durée des notes est représentée par les signes suivants :

TABLEAU SYNOPTIQUE DES NOTES

La ronde est considérée comme unité de durée.

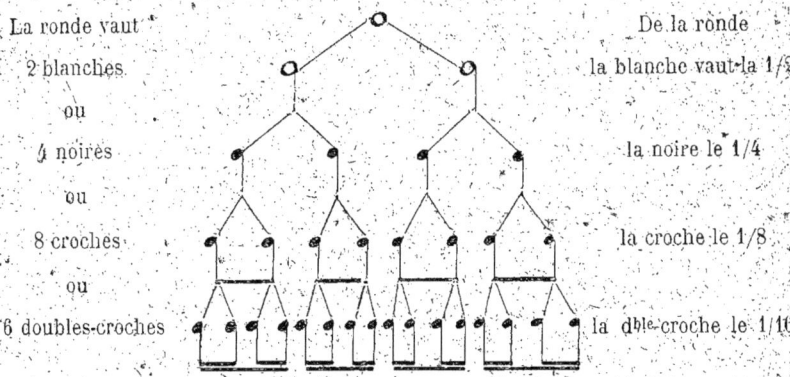

La ronde vaut		De la ronde
2 blanches		la blanche vaut la 1/2
ou		
4 noires		la noire le 1/4
ou		
8 croches		la croche le 1/8
ou		
16 doubles-croches		la dble-croche le 1/16

Elle vaudra 32 triples-croches et 64 quadruples-croches.

Les rondes, blanches, noires, s'écrivent isolément ; mais les croches, doubles et triples croches peuvent être réunies par des barres. On doit même les réunir quand, dans le chant, on doit proférer une seule syllabe sur plusieurs notes.

MODIFICATIONS DE LA VALEUR DES NOTES

10. — La valeur des notes peut être modifiée :
1° Par le prolongement de la note ;
2° Par l'arrêt momentané des sons au moyen de silences.

On prolonge la valeur des notes par un *point,* ajouté à une note, ou en unissant deux notes par ce signe ⌒, placé au-dessus de ces notes et qu'on appelle *liaison.*

11. Point. Double-point. — Le point, placé après une note, augmente cette note de la moitié de sa valeur. Ainsi, une blanche pointée vaut trois noires (A). (*Solf.*, p. 12.) Une note peut aussi être suivie de deux points : c'est ce qu'on appelle le *double-point.* (*Solf.*, p. 45.) Ce second point augmente encore cette note de la moitié de la valeur et de la durée du premier point (D).

12. Liaison. — C'est une ligne courbe ⌒, qui réunit plusieurs notes portant le même nom (B). Pour l'exécuter, on énonce d'abord la première note, et on maintient le son de cette note pendant la durée des autres notes comprises sur la courbe (B). (*Solf.*, p. 18.) Cette liaison remplace quelquefois le point (C et D).

NOTA. — Le signe ⌢, placé sous plusieurs notes, portant différents noms, indique qu'elles doivent être chantées d'une seule émission de voix. C'est ce qu'on nomme le *coulé*. (*Solf.*, p. 18.)

SILENCES

13. — Aux formes des notes correspondent des formes de silences. Le *silence* ou *soupir* est un signe qui marque l'arrêt plus ou moins prolongé des sons.

Il y a sept formes de silences :

La pause,		qui correspond à la	ronde ;
La 1/2 pause,		»	blanche ;
Le soupir,	ξ	»	noire ;
Le 1/2 soupir,	↿	»	croche ;
Le 1/4 de soupir,	↗	»	double-croche ;
Le 8ᵉ de soupir,	↯	»	triple-croche ;
Le 16ᵉ de soupir,	↯	»	quadruple-croche.

La pause se place au-dessous de la quatrième ligne, la demi-pause au-dessus de la troisième.

Comme les notes auxquelles ils correspondent, le soupir et le demi-soupir peuvent être suivis d'un point.

GAMME

14. Gamme. Échelle musicale. — La succession des huit notes : *do, ré, mi, fa, sol, la, si, do*, constitue la gamme et forme une *échelle musicale*, où chaque note peut être considérée comme un *degré*, un échelon.

La gamme est dite *montante* quand les notes vont du grave à l'aigu, comme *do, ré, mi, fa*, etc. ; elle est dite *descendante* quand les sons vont de l'aigu au grave, comme *do, si, la, sol*, etc.

15. Intervalles. — La distance qui sépare chacune de ces notes se nomme *intervalle*. La gamme renferme cinq grands degrés, ou intervalles, qu'on appelle *tons*, et deux petits, qu'on appelle *demi-tons*.

Les *tons* entiers sont placés entre *do* et *ré*, *ré* et *mi*, *fa* et *sol*, *sol* et *la*, *la* et *si*.

Les *demi-tons* se trouvent entre *mi* et *fa*, *si* et *do*.

do	1/2	8ᵉ degré
si		7ᵉ degré
	1	
la		6ᵉ degré
	1	
sol		5ᵉ degré
	1	
fa		4ᵉ degré
mi	1/2	3ᵉ degré
	1	
ré		2ᵉ degré
	1	
do		1ᵉʳ degré

16. Noms des intervalles. — Deux sons placés sur le même degré, comme *do, do; sol, sol,* sont dits *à l'unisson.*

L'intervalle de *do* à *ré* (2 degrés) se nomme *seconde.*
» *do* à *mi* (3 degrés) » *tierce.*
» *do* à *fa* (4 degrés) » *quarte.*
» *do* à *sol* (5 degrés) » *quinte.*
» *do* à *la* (6 degrés) » *sixte.*
» *do* à *si* (7 degrés) » *septième.*
» *do* à *do* (8 degrés) » *octave.*

COMPOSITION DE LA GAMME [1]

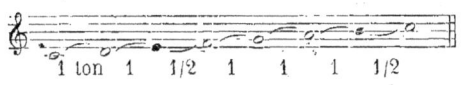

INTERVALLES

Seconde Tierce Quarte Quinte Sixte Septième Octave

Et continuant ainsi, on obtiendrait des intervalles de neuvième, dixième, etc.

17. — Pour connaitre l'intervalle contenu entre deux notes, il suffit de compter le nombre de notes qui les séparent l'une de l'autre. Ainsi, de *sol* à *ré* aigu, il y a une quinte.

---

1. Primitivement, les notes de la gamme étaient désignées par les sept premières lettres de l'alphabet : *A, B, C, D, E, F, G.* — A représentait le *la,* B le *si,* C le *do,* D le *ré,* E le *mi,* F le *fa,* G le *sol* (les Allemands et les Anglais — et les facteurs d'orgues — se servent encore de ces lettres). Les notes de la gamme supérieure étaient représentées par les mêmes lettres, écrites en petits caractères : *a, b, c, d, e, f, g;* celles de la gamme inférieure, par ces lettres minuscules doublées : *aa, bb, cc, dd, ee, ff, gg.* On ne se servit d'abord que de ces trois octaves, au médium, à l'aigu et au grave.

A ces trois gammes, on ajouta encore plusieurs notes aiguës et une note grave. Afin de mieux distinguer ce son grave, on lui donna la forme de la lettre grecque γ (gamma), d'où on fit le mot *gamme,* qui désigne la série des sons.

Au XI° siècle, un moine bénédictin *français, Gui,* du monastère d'Arezzo, en Italie, remplaça les lettres par la première syllabe de l'hymne de saint Jean-Baptiste, qui permettait de trouver plus facilement l'intonation des notes.

UT que- ant la- xis RE- so- na- re fi- bris MI- ra ge- sto- rum FA- mu- li tu- o- rum, SOL- ve pol- lu- ti LA- bi- i re- a- tum, Sanc-te Jo- an- nes.

Le chant de cette hymne, s'élevant d'un degré sur chacune des syllabes : *ut*, ré, mi, fa, sol, la,* rappelait à la mémoire l'intonation successive des sons à partir de la lettre C. Le *si* fut ajouté pour achever la septième note de la gamme.

---

* Au XVIII° siècle, un musicien de Florence, nommé Doni, trouvant la syllabe *ut* peu favorable à l'émission du son, la remplaça par la première syllabe de son nom, *do :* depuis lors, l'usage de dire *do* a prévalu.

MODIFICATION DU SON DES NOTES. SIGNES ALTÉRATIFS : DIÈSES ET BÉMOLS[1]

18. — Toutes les notes de la gamme ont leur son particulier et sont séparées les unes des autres par une distance bien déterminée; cependant, de même que la *valeur* des notes peut être modifiée par le point, la liaison ou les silences, de même aussi le *son* des notes peut être changé par certains signes.

Ces signes se nomment *altératifs* et se placent devant la note qu'ils doivent modifier.

Ce sont le *dièse* (♯), le *bémol* (♭) et le *bécarre* (♮).

19. — Le dièse élève d'un demi-ton la note devant laquelle il est placé; le bémol, au contraire, l'abaisse d'un demi-ton. Ces deux signes ne modifient que les notes du même nom qu'ils précèdent, et seulement dans la mesure où elles se trouvent. Le bécarre rétablit les notes altérées dans leur intonation primitive.

Double-dièse et double-bémol. — Le double-dièse (𝄪 ou ×) élève encore d'un demi-ton la note déjà diésée, et le double-bémol (♭♭) abaisse également d'un demi-ton la note déjà bémolisée. Pour détruire l'effet du double-bémol et du double-dièse, on se sert encore du bécarre, qu'on place devant le premier dièse ou le premier bémol (♮♯, ♮♭). (*Solf.*, p. 48.)

Le nom des notes affectées d'un signe altératif doit toujours être suivi du nom du signe qui les modifie. Ainsi, *fa* ♯ se prononce *fa dièse*, et *la* ♭ se dit *la bémol*.

Ces signes, qui se trouvent incidemment devant certaines notes, se nomment *accidentels*, ou simplement *accidents*, pour les distinguer des signes *constitutifs*, qui font partie intégrante d'une gamme et qui s'appellent *armature* (59).

MESURE

20. Mesure. — Tout morceau de musique se divise en parties d'égale durée. Chacune de ces parties se nomme *mesure*.

Toute mesure est comprise entre deux barres verticales, qui se nomment **barres de mesure**. La fin d'un morceau s'indique par une double barre.

Barre   Barre   Double-barre

21. Temps forts et temps faibles. — Chaque mesure se partage elle-même en plusieurs parties d'égale durée, qu'on appelle *temps*.

Les temps sont *forts* ou *faibles*. Les temps *forts* sont ceux sur lesquels on renforce le son, les temps *faibles* sont ceux sur lesquels on le diminue.

---

[1]. Lorsque, au Moyen-Age, on remplaça les lettres par les noms des syllabes de l'hymne de saint Jean-Baptiste, la gamme commença à l'*ut* et n'avait que six notes. On ajouta une septième, qu'on continua de désigner par B (qui correspondait à la seconde lettre de l'ancienne gamme). Mais comme l'intervalle de *fa* à B (ou *si*) était difficile à chanter à cause des trois tons entiers, on l'adoucit en quelque sorte, en baissant ce B d'un demi-ton, et on donna à cette note le nom de B *mollis* (♭), d'où bé-mol, pour le distinguer du B dur ou naturel, qu'on appelait encore B carré (d'où bécarre, B *quadratus*).

L'étymologie du mot *dièse* est moins évidente. La *diesis* des Grecs était un intervalle, qui représentait tantôt un quart ou un tiers de ton, tantôt un demi-ton.

22. Deux sortes de mesure. — On distingue deux sortes de mesures : les mesures *simples* ou *binaires*, les mesures *composées* ou *ternaires*.

23. — Les mesures binaires sont celles dans lesquelles le temps est divisé en *deux* parties égales, telles qu'une ronde (qui vaut deux blanches), une blanche (qui vaut deux noires), une noire (qui vaut deux croches), une croche (qui vaut deux doubles-croches). (Voir tableau, p. 10).

Les plus usitées sont :

La mesure à 2 temps, ou *deux-quatre*, s'indiquant par ces chiffres : 2/4
» 3 » *trois-quatre*, » » 3/4
» 4 » *quatre-quatre*, » un 4 ou un C.

24. Signification des chiffres. — La ronde ayant été choisie comme unité de mesure, le chiffre inférieur, ou *dénominateur*, indique en combien de parties est divisée la ronde ; le chiffre supérieur ou *numérateur*, indique combien on prend de ces parties pour former la mesure.

Ainsi, dans la mesure à deux temps, le 4 signifie que la ronde a été partagée en quatre (le quart est une noire), le numérateur, 2, indique qu'on prend deux de ces parties, ou deux noires, pour former chaque mesure. Il en est de même pour toutes les autres mesures binaires.

« Ce qui caractérise la mesure, c'est le retour périodique d'un temps plus accentué, nommé temps fort, et on dit qu'elle est à deux, trois et quatre temps, suivant que ce temps fort se fait sentir de deux en deux, de trois en trois ou de quatre en quatre temps. »
« Ce retour périodique de notes accentuées et se reproduisant à intervalles réguliers constitue le *rythme*, dont on peut dire qu'il est *l'harmonie dans le mouvement.* »

25. Mesures composées. — Les mesures *composées* ou *ternaires* sont celles dont chaque temps peut se diviser en *trois* parties égales, ou trois croches par temps. Elles ne se différencient des mesures binaires que par le point qu'on ajoute à chaque temps des mesures simples. (*Solf.*, p. 57.)

Les mesures composées sont :

La mesure à *six-huit*, 6/8.
» *neuf-huit*, 9/8.
» *douze-huit*, 12/8.

Dans la mesure à 6/8, on prend six huitièmes de la ronde, c'est-à-dire six croches par mesure, soit trois croches par temps ; dans la mesure à 9/8, on en prend neuf, et dans la mesure à 12/8, on en prend douze.

TABLEAU COMPARATIF DES MESURES BINAIRES ET TERNAIRES

On voit par ces tableaux les relations entre les mesures simples et les mesures composées. Ces mesures se battent comme les mesures binaires auxquelles elles correspondent. (*Solf.*, p. 57.)

Il existe encore d'autres mesures, formées par les mesures binaires et ternaires. Elles sont peu usitées. Nous avons mentionné plus loin les principales (p. 14).

26. Manière de battre la mesure. — Marquer le temps par des mouvements égaux de la main s'appelle *battre la mesure*.

Dans la mesure à *deux temps*, le premier temps se bat en baissant la main, le deuxième en la levant. Le premier temps est fort, le deuxième est faible. (*Solf.*, p. 9.)

Dans la mesure à *trois temps*, le premier temps se bat en baissant la main, le deuxième en la portant à droite, le troisième en la levant. Le premier temps est fort, le deuxième moins fort, le troisième faible. (*Solf.*, p. 12.) A cette mesure on peut rapporter la mesure à 3/8, qui est la reproduction de la mesure à trois temps, avec cette différence que dans celle-ci l'unité de temps est la noire, tandis que dans la mesure à 3/8, la noire est remplacée par la croche. (*Solf.*, p. 25.)

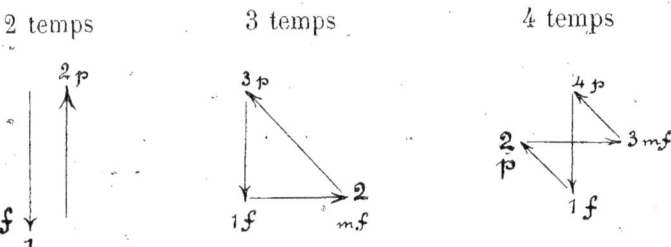

Dans la mesure à quatre temps, le premier temps se bat en baissant la main, le deuxième en la portant à gauche, le troisième à droite, le quatrième en la levant. Le premier temps est fort, le troisième moitié fort, le deuxième et le quatrième sont faibles. (*Solf.*, p. 14.)

Mesure à 2/2 ou ₵. — Quelquefois le ₵ est barré, ou remplacé par le chiffre 2/2, ce qui indique que chaque note est réduite de moitié. Il faudra pour chaque mesure deux blanches, ou une blanche et deux noires, ou quatre noires. Cette mesure se bat à deux temps. (*Solf.*, p. 15.)

27. Barres de reprise. Renvois. — On trouve parfois une double-barre dans le courant d'un morceau : elle s'appelle *barre de reprise*. Quand elle est *précédée* de deux points : , elle indique qu'il faut recommencer à chanter les mesures comprises entre le commencement et ces deux points (A). Si cette double-barre est *suivie* de deux points, elle indique qu'il faut chanter deux fois la partie du morceau comprise entre ces deux autres points et l'autre double-barre (B).

Le signe de *renvoi* ✿ marque qu'il faut revenir au commencement jusqu'au mot **Fin**. Les autres signes de renvoi sont ⊕ ✳ ⌀. On emploie encore ces deux lettres initiales D. C., qui signifient *da capo*, c'est-à-dire *du commencement*. Quand, après une reprise, les dernières mesures doivent être remplacées par d'autres, on indique ce changement par les signes suivants : *1re fois* et *2e fois*, ou *1°* et *2°*.

Chanter 2 fois ces 4 mesures   Chanter 2 fois ces 4 mesures

IRRÉGULARITÉS OU MODIFICATIONS DANS LA MESURE

28. — Nous devons signaler quelques exceptions à ces règles générales de la composition régulière de la mesure.

Ce sont le *triolet*, le *sextolet*, le *point d'orgue* et le *point d'arrêt*, la *syncope* et le *contre-temps*.

29. — Le **triolet** est un groupe de trois notes, surmontées d'un 3, qui remplace deux croches, formant un temps dans une mesure binaire (A). Il doit être exécuté dans le même temps qu'on mettrait à chanter les deux notes dont il tient la place. (*Solf.*, p. 52.)

De même, dans les mesures ternaires, on intercale quelquefois des groupes de deux notes, qu'on surmonte d'un 2 (B).

30. — Le **sextolet** ou **sixain**, ou **double-triolet**, est un groupe de six notes ou surmonté d'un 6 ; il remplace encore un temps dans la mesure binaire. (*Solf.*, p. 56.)

31. Point d'orgue et point d'arrêt. — Ce signe ⌢, placé sur une note, se nomme *point d'orgue* ; placé sur un soupir, il s'appelle *point d'arrêt*. L'un et l'autre interrompent le mouvement de la mesure par un arrêt indéterminé. (*Solf.*, p. 17.)

32. — La **syncope** est la *prolongation* d'un temps faible sur un temps fort (C), ou de la partie faible d'un temps sur la partie forte du temps suivant (D).

Le **contre-temps** est l'*attaque* sur un temps faible (E) ou sur la partie faible d'un temps (F), sans qu'il y ait prolongation d'une note sur la note suivante. (*Solf.*, pp. 62, 65.)

Dans la syncope, la note faible *se prolonge* sur la note forte ; dans le contre-temps, la prolongation est remplacée par un *silence*.

33. MESURES PEU USITÉES

Outre les mesures que nous avons étudiées précédemment, il en est d'autres, qui sont peu souvent employées. Nous signalerons les principales. Ce sont les mesures dont le dénominateur est 2, 4, 8, et même 16.

Les mesures à 4/2 et à 3/2 se composent d'une blanche, ou de deux noires, ou de quatre croches par temps. La première se bat à deux temps, la deuxième à trois temps.

Les trois mesures suivantes, à 6/4, à 9/4, à 12/4, ne font que reproduire les mesures à 6/8, 9/8 et 12/8. La valeur des notes est doublée. Les croches sont remplacées par des noires, et les noires par des blanches. La mesure à 6/4 se bat à deux temps, celle à 9/4 à trois temps, et celle à 12/4 à quatre temps.

La mesure à 4/8 n'est autre que la mesure ordinaire à deux temps. Les valeurs de chaque mesure sont les mêmes. La mesure à 2/8 la reproduit également, mais la valeur de chaque mesure est diminuée de moitié.

MESURE A CINQ TEMPS

Enfin, il est une mesure composée, aussi peu employée que les précédentes, mais présentant un caractère particulier : c'est la mesure à *cinq temps*. Elle se compose alternativement d'une mesure à trois temps et d'une mesure à deux temps. L'unité de temps, comme dans la mesure binaire, est la noire. Elle est indiquée par la fraction 5/4.

NUANCES ET MOUVEMENTS

34. — Les notes sont chantées avec plus ou moins de force, avec une allure plus ou moins vive : les **nuances** déterminent les différents degrés d'*intensité de son* qu'on donne aux notes, le **mouvement** indique le degré de *vitesse* ou de *lenteur* qu'on doit observer dans l'exécution d'un chant.

On se sert pour exprimer les nuances et les mouvements de mots italiens :

NUANCES

	EXPRESSIONS	ABRÉV.	PRONONCEZ	SIGNIFICATION
Sons forts	forte	f.	forté	fort
	mezzo-forte	mf.	medzo-forté	moitié fort
	forte-piano	f. p.		fort puis doux
	fortissimo	ff.		très fort
Sons faibles	dolce	dol.	doltché	doux
	piano	p.		faible
	mezzo-piano	m. p.		moitié doux
	pianissimo	pp.		très faible
	mezza-voce		medza-vodcé	à mi-voix
	sotto-voce			id.
Pour augmenter le son	crescendo	cres.	creschenndo	en forçant la voix
	sforzando	sf.	sforzanndo	id.
	rinforzando	rfz.	rinnforzanndo	en la renforçant
Pour diminuer le son	decrescendo	décrosc.	decreschenndo	id.
	diminuendo	dim.		en affaibliss' la voix
	morendo	mor.	morenndo	en mourant
	smorzando	smorz.	smorzanndo	id.
	perdendosi	perd.	perdenndosi	id.
Pour exprimer certains sentiments de l'âme	con dolore		conne doloré	avec douleur
	con anima			avec âme
	con fuoco		conne fououco	avec feu
	con moto			avec agitation
	expressivo			avec expression
	cantabile			avec emphase
	grazioso		gradzioso	avec grâce
	giocoso		djiocoso	avec gaieté
	mesto			avec tristesse
	religioso		relidjioso	avec piété

Les expressions *cresc. e dimin.*, *dimin. e cresc.*, se traduisent souvent par ces deux signes ◁▷. Le premier signe ◁ indique qu'il faut émettre le son *doucement* et l'augmenter progressivement; le second ▷, au contraire, qu'il faut commencer *fort* et diminuer insensiblement.

Ajoutons quelques expressions particulières, comme *molto piu*, beaucoup plus; *1ª, 2ª volta*, 1re, 2e fois; *volti subito* (v. s.), tournez vite la page; *un poco*, un peu; *non troppo*, pas trop; *assai*, le plus possible; *sempre*, toujours.

35. — Les notes qui doivent être *unies* les unes aux autres sont surmontées d'une ligne courbe, qu'on appelle *coulé*; on se sert encore du mot *legato*, qu'on écrit au-dessus de ces notes.

36. — Pour les *détacher* les unes des autres, on écrit au-dessus de la portée le mot *staccato* (qui signifie *détaché*), ou l'on place au-dessus des notes soit un point, soit une petite barre verticale (') en forme de virgule.

MOUVEMENTS

37. — Nous avons dit que le mouvement était l'allure plus ou moins vive donnée à l'exécution d'un chant. Il est souvent indiqué au commencement d'un morceau par une note suivie d'un chiffre ; par exemple : M. ♩ = 40 ou ♩ = 120. Ces numéros correspondent à l'un des chiffres inscrits sur l'échelle graduée du *métronome*[1].

Voici les principales expressions relatives au mouvement :

	EXPRESSIONS	ABRÉV.	PRONONCEZ	M. ♩ =	SIGNIFICATION
Lents	lento		lennto	48	lent
	andante	and^te	andannté	56	avec aisance
	andantino	and^no		63	moins lent qu'and^te
	largo			40	avec ampleur
	larghetto	larg^tto	larguetto	44	moins lent que large
	adagio		adadjio	52	posément
	moderato	mod^to			modérément
	grave			50	gravement
	maestoso				majestueux, solennel
	rallentando	rall.			en ralentissant
	ritardando	ritar.			en retardant
	ritenuto	riten.	riténouto		en retenant le mouv^t
Rapides	vivace		vivatché	176	rapidement
	allegro	all^o			gaiement
	allegretto	all^tto		69	moins vif qu'all^o
	scherzo				comme en badinant
	marziale				avec entrain
	presto			184	plus vif qu'all^o
	prestissimo			204	très vif
	mosso				ému, animé
	accelerando	accel.			en pressant

Lorsque le mouvement a été modifié dans le courant d'un morceau et qu'on revient au mouvement primitif, on l'indique par ces mots : *à tempo*, *à primo tempo*.

---

1. Le *métronome* (μετρον, mesure, et νομος, règle), perfectionné en 1815 par *Maëlzel*, est un instrument qui sert à indiquer les diverses vitesses du mouvement musical, au moyen d'un balancier, qui bat plus ou moins vite selon qu'on élève ou qu'on abrège un contre-poids mobile fixé sur sa tige graduée.
  Cette échelle du métronome contient 39 degrés. Celui du haut marque 40, celui du bas 208. Ces chiffres indiquent le nombre d'oscillations que donne le balancier pendant une minute. Ainsi, M. ♩ = 52 signifie que la durée d'une noire équivaut à la durée d'une oscillation du balancier quand le contre-poids est fixé au numéro 52.

DEUXIÈME PARTIE

ÉTUDE SUR LA GAMME

37. — Il y a deux sortes de gammes : la gamme *diatonique*[1], qui procède par tons, et la gamme *chromatique*, qui procède par demi-tons, et que nous étudierons plus loin (n. 65).

38. Gamme. Ton. Tonalité. — Nous avons dit plus haut (n. 14) que la gamme était la succession de huit tons, qui se suivent dans un ordre déterminé[2]. D'abord, deux tons, *do-ré-mi*, suivis d'un demi-ton : *mi-fa*, puis de trois tons : *fa-sol-la-si*, suivis d'un demi-ton : *si-do*.

1   1   1/2   1   1   1   1/2

Ces différents sons dont se compose la gamme constituent la *tonalité*, ou le *ton* de cette gamme. Ces deux expressions, *ton* et *gamme*, sont souvent prises l'une pour l'autre. (Il est important de faire remarquer qu'ici le mot *ton* n'est plus employé pour signifier la distance qui sépare une note d'une autre note.)

---

1. *Diatonique* (de διά et τόνος), qui procède par tons. La tonique (ou point de départ d'une gamme) peut être comparée à l'extrémité d'une corde *tendue* (τείνω) et sur laquelle on aurait placé des nœuds plus ou moins éloignés les uns des autres. Ce sont ces distances, ces étendues (τόνος), placées entre chaque nœud, qu'on désigne sous le nom de tons ou d'intervalles.
   Chromatique (de χρῶμα, couleur, ton, coloris). Ce terme de chromatique semble désigner une gamme de couleur, de nuances, de *tons*. Elle est peut-être ainsi appelée parce que les Grecs marquaient ce genre de musique par des caractères rouges ou diversement coloriés. (Voir Littré, *Dict.*)

2. Les sons de la gamme étant bien déterminés, on convint d'adopter un *son type*, qui devait servir de base à l'élévation des notes. On choisit le *la médium*, qui tient à peu près le milieu entre les notes les plus aiguës et les plus graves.
   Ce *la* s'obtient au moyen du *diapason* (διὰ πασῶν, sous-entendu χορδῶν, par toutes les cordes, c'est-à-dire toutes les notes de la gamme). C'est un petit instrument d'acier (inventé en 1711 par John Shore, trompette du roi George d'Angleterre) à deux branches, qui, mis en vibration, donne le *la* comme son fondamental.

39. Rôle des notes. — Chaque note de la gamme diatonique a son rôle particulier.

Le premier degré se nomme *tonique*, parce qu'il donne son nom à la gamme dont il est le point de départ ; c'est aussi par cette tonique que se termine une phrase musicale.

Le cinquième degré se nomme *dominante*. Après la tonique, il joue le rôle principal dans la phrase musicale, et dans le courant d'un morceau, il sert souvent de repos temporaire : il produit l'effet des deux-points dans la lecture.

Le troisième degré tient le milieu entre la tonique et la dominante : aussi le désigne-t-on sous le nom de *médiante* (*medius*).

Ces trois degrés : *tonique*, *médiante* et *dominante*, réunis forment ce qu'on appelle l'*accord parfait* : do-mi-sol.

Le septième degré se nomme *sensible*. Il semble, par le demi-ton qui le sépare de la tonique, s'incliner vers cette note.

On donne encore au quatrième degré (*fa*) le nom de *sous-dominante*, et au sixième (*la*) celui de *sus-dominante*.

40. Notes tonales et modales. — Plusieurs notes de la gamme ont une importance particulière.

Les unes se nomment *tonales*, les autres *modales*.

Les notes *tonales* sont la *tonique*, la *quarte* et la *quinte*. Elles sont fixes et invariables, et déterminent le *ton*, car si elles étaient altérées par un dièse ou un bémol, le ton changerait de manière d'être, de *mode*.

Les notes *modales* sont la *tierce* (troisième degré) et la *sixte* (sixième degré). Elles sont variables et les modifications qu'elles subissent déterminent le mode.

Ces principes trouveront bientôt leur application (n. 59).

INTERVALLES

41. Degrés conjoints et disjoints. — Deux sons qui se suivent, comme *do-ré*, *sol-la*, sont des degrés *conjoints* ; s'ils sont séparés l'un de l'autre par plusieurs degrés intermédiaires, comme *ré-la*, *fa-do*, ils se nomment *degrés disjoints*.

42. Intervalles simples et composés. — Un intervalle est *simple* quand, de la première note à la dernière, il n'y a pas plus de huit notes ; quand il dépasse ce chiffre, l'intervalle est dit *composé* ou *redoublé*.

43. Intervalles majeurs et mineurs. — L'intervalle *majeur* est celui qui, comparé à un autre intervalle du même nom, contient le plus de demi-tons. L'autre intervalle sera *mineur*. Ainsi, si l'on compare les deux tierces *do-mi* et *ré-fa*, on verra que l'intervalle *do-mi*, renfermant 4 demi-tons, est *majeur*, c'est-à-dire plus grand que l'intervalle *ré-fa*, qui ne contient que 3 demi-tons : celui-ci est plus petit, c'est-à-dire *mineur*. De même, l'intervalle de sixte *fa-ré*, qui renferme 9 demi-tons, est majeur, comparativement à l'intervalle de sixte *mi-do*, qui ne contient que 8 demi-tons.

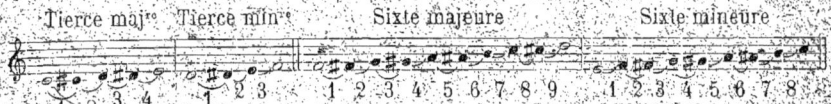

44. Intervalles augmentés ou diminués. — Un intervalle est *augmenté* s'il est plus grand d'un demi-ton que cet intervalle, quand il est majeur. Ainsi, *do-mi♯* forme une tierce plus grande d'un demi-ton que la tierce majeure *do-mi*.

Il est *diminué* s'il est plus petit d'un demi-ton que cet intervalle, quand il est mineur. Ainsi, *do♯-mi♭* forme une tierce plus petite que la tierce mineure *do-mi♭*.

45. Renversement des intervalles. — Un intervalle est *renversé* quand sa note la plus grave est portée à l'octave au-dessus, ou quand sa note la plus aiguë est portée à l'octave au-dessous.

Le renversement est d'autant plus grand que son intervalle est plus petit, et réciproquement. L'intervalle avec son renversement donne toujours 9. Une seconde renversée devient septième (2 + 7 = 9), une quarte renversée devient quinte (4 + 5 = 9).

MODES. FORMATION DES GAMMES

46. — Les gammes diatoniques ont deux *manières d'être*, qu'on appelle *modes*. Il y a le mode *majeur* et le mode *mineur*.

Le mode d'une gamme est *majeur* si la tierce au-dessus de la tonique est majeure (deux tons). Il sera *mineur* si cette tierce est mineure, c'est-à-dire ne comprend qu'un ton et un demi-ton entre elle et la tonique.

47. Analyse de la gamme : Tétracordes. — La gamme diatonique de *do* peut se décomposer en deux parties égales : *do, ré, mi, fa* et *sol, la, si, do.* Ces quatre notes distinctes forment chacune ce qu'on appelle un *tétracorde*. Le premier se nomme tétracorde *inférieur*, le second tétracorde *supérieur*. Ces deux tétracordes sont absolument identiques. Ils renferment l'un et l'autre *deux tons suivis d'un demi-ton*.

48. Formation des autres gammes. — Chacune des notes de la gamme de *do* peut servir de point de départ ou de tonique pour former d'autres gammes, qui devront en quelque sorte se décalquer sur la gamme de *do*, car celle-ci doit servir de modèle à toutes les autres : c'est ainsi que nous aurons les gammes de *sol*, de *ré*, de *fa*, de *si♭*, etc.

Pour que ces nouvelles gammes soient la reproduction exacte de la gamme type, avec ses tons et demi-tons, nous devrons recourir aux dièses et aux bémols.

GAMMES AVEC DIÈSES

49. — Pour former une nouvelle gamme sur la gamme type que nous venons d'étudier, nous prendrons le tétracorde supérieur du ton de *do* : *sol, la, si, do* (A), auquel nous ajouterons les quatre notes suivantes : *ré, mi, fa, sol* (qui nous donnent un second tétracorde) (B) ; nous obtenons ainsi une nouvelle gamme, qui, avec ses deux tétracordes, prendra le nom de la note (*sol*) qui lui sert de point de départ ou tonique.

GAMME DE SOL

Toutefois, remarquons que dans ce second tétracorde (B) que nous venons de former, il n'y a qu'un demi-ton entre le *mi* et le *fa* ; or, pour que ce tétracorde soit la reproduction exacte du premier, il est nécessaire d'avoir un ton entier : pour l'obtenir, il faudra élever le *fa* d'un demi-ton au moyen d'un dièse ; nous aurons ainsi le tétracorde *ré-mi-fa♯-sol* (C), d'où on conclura que la gamme de *sol* aura un dièse à la clef (le *fa*), qui devient la note sensible de la nouvelle gamme.

50. Gamme de ré. Nous procéderons de la même manière pour obtenir la gamme de *ré*. Nous prendrons le tétracorde supérieur de la gamme précédente : *ré-mi-fa♯-sol*, auquel nous joindrons les quatre notes suivantes : *la, si, do, ré*. Nous obtiendrons un nouveau tétracorde (avec ses deux tons et son demi-ton) en faisant précéder le *do* d'un dièse : *la-si-do♯-ré* : ce do♯ devient la note sensible de la gamme de *ré*.

Il en sera de même pour la formation de toutes les autres gammes.

51. — De ces principes nous pouvons déduire :

1º Que dans la formation des gammes avec dièses, le tétracorde supérieur d'une gamme devient le tétracorde inférieur de la gamme qui suit.

2º Les dièses se suivent toujours de quinte en quinte en montant, et de quarte en quarte en descendant ;

3º Toute gamme nouvelle a un dièse de plus que la précédente.

TABLEAU DES GAMMES MAJEURES AVEC DIÈSES

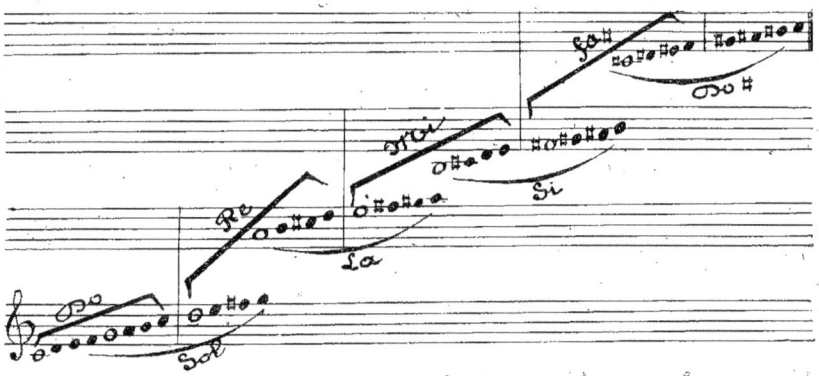

52. ORDRE DES DIÈSES

Fa, do, sol, ré, la, mi, si

53. — Pour reconnaître le ton d'un morceau écrit avec des dièses à la clef, il suffit d'élever le dernier dièse d'un demi-ton.

FORMATION DES GAMMES MAJEURES AVEC BÉMOLS

54. — Les gammes avec bémols se forment également de la gamme de *do*, mais en *descendant*, c'est-à-dire en sens inverse des gammes avec dièses.

Ainsi, pour former la première gamme avec bémols, on prend le tétracorde inférieur de la gamme de *do* : *do, ré, mi, fa* (A), auquel on joint en descendant les quatre notes qui suivent : *si, la, sol, fa*. En examinant ce nouveau tétracorde, nous remarquerons qu'entre le troisième et le quatrième degré, *la-si* (B), il y a un ton ; or, pour que le tétracorde soit exact, il doit se terminer par un demi-ton : en baissant le *si* au moyen d'un bémol, nous aurons alors *fa, sol, la, si♭* (C), d'où il suit que dans cette nouvelle gamme, qui prend le nom de gamme de *fa* (nom de la tonique), il y aura un bémol, qui affectera le *si*.

GAMME DE FA MAJEUR

55. Gamme de si♭ majeur. — Pour cette gamme, nous procéderons comme pour la gamme de *fa*. Nous prendrons d'abord le deuxième tétracorde de cette gamme (*si♭, la, sol, fa*), auquel nous ajouterons les quatre notes qui suivent (*mi, ré, do, si♭*), pour obtenir le nouveau tétracorde de la nouvelle gamme que nous voulons former. Nous remarquerons encore qu'entre le troisième et le quatrième degré (*mi-ré*), il y a un ton entier : pour avoir le demi-ton nécessaire, nous mettrons un bémol devant le *mi*, et le tétracorde sera exact. Dans cette nouvelle gamme, qui s'appellera gamme de *si♭*, il y aura deux bémols, le *si* et le *mi*.

On procédera de même pour la formation des autres gammes.

56. TABLEAU DES GAMMES AVEC BÉMOLS

ORDRE DES BÉMOLS

Si, mi, la, ré, sol, do, fa

57. — Pour trouver le ton d'un morceau écrit avec des bémols, il faut prendre l'avant-dernier. Si la gamme n'en a qu'un, elle est dans le ton de *fa*.

58. — Concluons encore :

1° Dans les gammes formées par les bémols, le tétracorde inférieur précédent devient le tétracorde supérieur de la gamme suivante;

2° Les gammes formées par les bémols s'enchaînent les unes aux autres de quarte en quarte en montant et de quinte en quinte en descendant;

3° Chaque gamme nouvelle a un bémol de plus que la précédente.

59. Armure ou armature. — Les dièses ou bémols placés près de la clef forment ce qu'on appelle *l'armure* ou *l'armature*. Ils altèrent toutes les notes qu'ils désignent par leur position sur la portée. Ainsi, dans le ton de *la*, tous les *fa*, *do* et *sol* seront dièsés ; dans le ton de *mi*♭, tous les *si*, *mi* et *la* seront bémols.

Tout autre dièse ou bémol, qui interviendrait dans le courant d'un morceau, devrait être considéré comme *accidentel*, et n'affecterait dans une mesure que la note devant laquelle il serait placé (voir n. 19).

60. Remarque. — Les bémols se placent en sens inverse des dièses. Ainsi, en examinant les tableaux précédents, on remarquera que le premier dièse (*fa*) devient le dernier bémol, et le premier bémol (*si*) devient le dernier dièse.

GAMMES MINEURES. TONS RELATIFS

61. Gammes mineures. — Les gammes diatoniques mineures sont formées comme les gammes majeures, avec cette différence que les notes *modales*, c'est-à-dire le troisième degré (médiante) et le sixième degré (sixte), sont baissées d'un demi-ton.

Ainsi, pour rendre mineure la gamme d'*ut*, il suffit d'abaisser d'un demi-ton la tierce et la sixte.

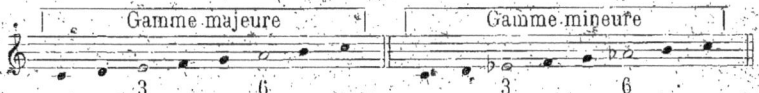

On abaisse quelquefois d'un demi-ton le septième degré dans la gamme mineure descendante ; dès lors, ce *si* bémolisé n'est plus *note sensible*, il prend le nom de sous-tonique.

<small>Les morceaux antérieurs au XVIIᵉ siècle conservaient le *si*♭, ce qui donnait à la mélodie un caractère archaïque. (Cf. p. 24, note.)</small>

Et réciproquement, pour rendre majeure une gamme mineure, dont l'armure est composée de bémols, il faut retrancher les bémols qui affectent les troisième et sixième degrés ; mais si l'armure de la gamme mineure est composée de dièses, il faut, au contraire, élever ces notes modales d'un demi-ton.

EXEMPLES

62. Tons relatifs. — Les gammes qui précèdent sont les mêmes, à l'exception des accidents qui s'ajoutent ou se retranchent aux notes dans la gamme mineure.

Il est une autre gamme mineure, qui a encore des traits de ressemblance, comme succession de notes et comme armure, avec la gamme majeure. Elle est *placée* à une *tierce mineure*, ou à un ton et demi *au-dessous* de la gamme majeure : on l'appelle ton *relatif (referre, relatum)*, c'est-à-dire qui se rapporte à cette gamme.

Les deux exemples suivants montreront le rapprochement, les *relations*, entre deux gammes majeure et mineure.

Ces deux gammes sont absolument semblables; elles ne diffèrent que par le *sol*[1], qui, dans la gamme mineure, est altéré par un dièse, à cause de sa position de note sensible, qui ne doit être éloignée de la tonique que d'un demi-ton.

AUTRE EXEMPLE

Dans cette dernière gamme, le *fa* est diésé (comme le *sol* dans la gamme mineure précédente), parce qu'il est note sensible.

RÈGLE. — *Tout ton majeur a son relatif mineur un ton et demi au-DESSOUS de sa tonique, et tout ton mineur a son relatif majeur un ton et demi au-DESSUS de sa tonique.*

63. GAMMES DIATONIQUES MAJEURES ET MINEURES

---

1. Jusqu'au XVIIe siècle, les musiciens ne se servaient pas de la note sensible, et, par conséquent, n'altéraient pas le septième degré de la gamme.

64. Manière de reconnaître le ton et le mode. — Pour trouver le ton et le mode dans lesquels est écrit un morceau,

1° Il suffit d'examiner si la première tierce de ce morceau est majeure ou mineure.

Dans l'exemple A, les deux mesures sont en *sol majeur*, car la première tierce (*sol-si*) est majeure ; dans l'exemple B, elles sont en *sol mineur*, puisque la première tierce (*sol-si♭*), comprise dans les deux premières notes, *sol-ré*, n'est distante de la tonique que d'un ton et un demi-ton.

Il en est de même pour les exemples C et D.

2° On peut encore s'assurer du mode par la note finale : si le morceau finissait par un accord, c'est la note la plus grave de l'accord qui en ferait connaître la tonalité.

3° *Avec les tons dont l'armure se compose de dièses*, le degré *au-dessus* du dernier dièse donne le *ton majeur*, le degré *au-dessus* donne le *ton relatif mineur*. Ainsi, dans un morceau écrit avec un dièse (le *fa*), la note au-dessus, *sol*, sera la tonique du ton majeur, *sol*; la note inférieure (*mi*) sera la tonique du ton relatif mineur de *sol*, c'est-à-dire *mi mineur*.

Avec les tons dont l'armure se compose de bémols, l'*avant-dernier bémol* donne la tonique du *ton majeur*; la *tonique mineure* se trouve deux degrés, ou une *tierce mineure au-dessous*. Ainsi, dans un morceau écrit avec trois bémols, le *mi* nous indique la tonique du ton majeur, *mi♭*; la tierce mineure au-dessous, *do*, donne la tonique du ton relatif mineur de *mi♭*, c'est-à-dire *do mineur*.

Ces règles s'appliquent à tous les morceaux écrits avec les dièses et bémols.

S'il n'y a qu'un bémol, dans quel ton est écrit le morceau ? Nous avons dit (58) que les gammes avec bémols se forment de quarte en quarte en montant ; dans le cas présent, la quarte au-dessous du *si♭* est *fa* : c'est le ton du morceau écrit avec un bémol. Le relatif mineur sera *ré*.

GAMMES CHROMATIQUES, ENHARMONIQUES ET HOMONYMES

65. Gammes chromatiques. — Si, au moyen des dièses ou des bémols, on intercale entre chaque ton diatonique un demi-ton, on forme une nouvelle gamme, qu'on appelle *chromatique*.

66. Différence entre les intervalles diatoniques et chromatiques. — Les demi-tons qui se trouvent dans la gamme précédente sont, les uns, formés par la note inférieure, élevée d'un demi-ton par le dièse, comme *do-do♯*; les autres, formés par une note supérieure, abaissée d'un demi-ton par un bémol, *ré-ré♭*. Ces demi-tons[1], qui portent le même nom, sont dits *chromatiques* ou *mineurs*, et c'est ce qui les distingue des autres demi-tons, qui portent des noms différents, comme *do♯* et *ré♭*, et qui s'appellent *diatoniques* ou *majeurs*.

67. Notes et gammes enharmoniques ou synonymes. — Quand ces demi-tons de la gamme chromatique, ayant le même son, comme *do♯* et *ré♭*, sont désignés par des *noms différents*, ils se nomment notes *enharmoniques* ou *synonymes*, et la réunion de ces notes constitue la gamme enharmonique. (*Solf.*, p. 118.)

1. Ils ne doivent cependant pas être pris indifféremment l'un pour l'autre, surtout quand il s'agit d'intervalles. En effet, l'intervalle entre *do* et *sol♯* forme une *quinte augmentée* d'un demi-ton, tandis que l'intervalle de *do* à *la♭* forme une *sixte diminuée* d'un demi-ton.

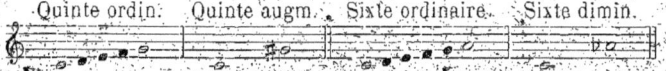

68. Notes et gammes homonymes. — Ces demi-tons, qui ont le même son et *portent le même nom*, comme la et la♭, mi et mi♭, s'appellent notes *homonymes*.

Ces tons homonymes constituent une véritable transposition et facilitent l'exécution des morceaux dont l'armure est chargée de dièses ou de bémols. C'est ainsi qu'une mélodie écrite en sol♭ (avec six bémols) devient facile à chanter au moyen du ton homonyme, *sol naturel*, en remplaçant les six bémols par un dièse (B). (*Solf.*, p. 120.) Toute gamme majeure ou mineure, écrite avec des dièses, a son ton homonyme, écrit avec des bémols, et réciproquement (A).

EXEMPLE A — La majeur — Même mélodie écrite en la♭
B — Sol♭ majeur — Même mélodie écrite en sol

69. TABLEAU DES TONS HOMONYMES MAJEURS ET MINEURS

Tons majeurs	Sol maj.	Ré maj.	La maj.	Mi maj.	Si maj.	Fa♯ maj.	Do♯ maj.
Relatifs	Mi min.	Si min.	Fa♯ min.	Do♯ min.	Sol♯ min.	Ré♯ min.	La♯ min.
Homonymes							
Tons majeurs	Sol♭	Ré♭	La♭	Mi♭	Si♭	Fa maj.	Do maj.
Relatifs	Mi♭ min.	Si♭ min.	Fa min.	Do min.	Sol min.	Ré min.	La min.

DE LA TRANSPOSITION

70. — Transposer, c'est exécuter ou transcrire un morceau de musique dans un ton autre que celui où il a été écrit primitivement.

Il y a la transposition *écrite* et la transposition *à vue*.

Pour la *transposition écrite*, il faut : 1° placer près de la clef l'armure qui convient au ton choisi ; 2° tenir compte des accidents qui se trouvent dans le morceau à transposer, afin de conserver à la mélodie sa facture primitive.

EXEMPLES DE TRANSPOSITION ÉCRITE

Do majeur
Même mélodie transposée en si♭
Même mélodie transposée en la majeur

Pour la *transposition à vue*, on change la clef, mais on conserve aux notes la position qu'elles occupent sur la portée. On se sert surtout des clefs d'*ut*. Aussi, la connaissance et la pratique de ces clefs sur les différentes lignes sont indispensables pour faciliter la lecture exacte et rapide des morceaux à transposer.

EXEMPLES DE TRANSPOSITION A VUE

Do majeur — Ré majeur — Si♭ majeur

DE LA MODULATION

71. — Pour éviter la monotonie (μονος, τονος) dans le chant, on se sert de la *modulation*, c'est-à-dire qu'on abandonne momentanément le ton dans lequel un morceau est écrit pour passer dans un autre ton : c'est une sorte de *digression* mélodique.

La modulation se fait généralement et régulièrement :
1° Par le ton relatif ;
2° Par le changement de mode de majeur en mineur, et réciproquement ;
3° Par les *tons voisins*, c'est-à-dire par ceux qui se rapprochent le plus du ton dans lequel est écrit le morceau. Chaque ton a cinq tons voisins :
1° Son ton relatif ;
2° Le ton qui prend comme tonique la *dominante* de ce morceau ;
3° Le relatif de ce nouveau ton formé par la dominante ;
4° Le ton qui prend comme tonique sa *sous-dominante* ;
5° Le relatif de ce nouveau ton formé par cette sous-dominante.

Ainsi, les tons voisins de la gamme de *do* sont :
1° Son relatif, *la mineur* ;
2° Le ton ayant comme tonique sa dominante, *sol*, et son relatif, *mi mineur* ;
3° Le ton ayant comme tonique la sous-dominante, *fa*, et son relatif, *ré mineur*.

Quelles que soient les modulations introduites dans une mélodie, il faut, pour que la phrase soit complète, revenir toujours au ton primitif.

Il arrive parfois qu'on passe d'un ton dans un autre ton sans se servir de la modulation : c'est ce qu'on appelle **changer de ton**. C'est une intercalation momentanée, qui doit se terminer toujours par le motif principal du morceau.

DE LA MÉLODIE

72. — La musique est une sorte de langage chanté, et, comme le langage, elle a ses règles précises de composition. Elle renferme des *dessins mélodiques*, qui forment comme les *membres de phrase*, et ceux-ci, réunis les uns aux autres, constituent la *période* ou *phrase musicale*. Les soupirs sont comme la ponctuation de ces développements mélodiques ; les repos se font particulièrement sentir après quatre mesures.

Le Fils de Dieu s'est fait homme, | il est né dans l'étable de Bethléem :
Il a voulu mourir sur la croix, | afin de sauver l'homme pécheur.

Cette phrase renferme quatre pensées distinctes : les deux premières forment le premier membre de phrase, les deux autres complètent la phrase. Pour bien détacher les idées exprimées, il est nécessaire d'observer la ponctuation : les règles de la lecture l'exigent, l'intelligence du texte l'impose.

C'est ce qu'on appelle dans le chant, comme dans la lecture, le *phrasé*, qui consiste à faire ressortir nettement, distinctement, les pensées ou les dessins mélodiques exprimés dans chaque membre de phrase musicale ou littéraire.

FIN DE LA GRAMMAIRE

ERRATUM. — Page 21, mettre un dièse devant le *ré* qui précède le *mi*, dans la gamme de *mi*.

NOTIONS DE MUSIQUE CHIFFRÉE

73. Les notes de la gamme sont représentées par les 7 premiers chiffres :

$$\begin{array}{ccccccc} 1 & 2 & 3 & 4 & 5 & 6 & 7 \\ do & ré & mi & fa & sol & la & si \end{array}$$

Pour exprimer les sons aigus, on place un point *au-dessus* de ces chiffres : $\dot{1}\ \dot{2}\ \dot{3}\ \dot{4}$. Pour exprimer les sons graves, les points se placent *au-dessous* : $1\ \underset{.}{7}\ \underset{.}{6}\ \underset{.}{5}$.

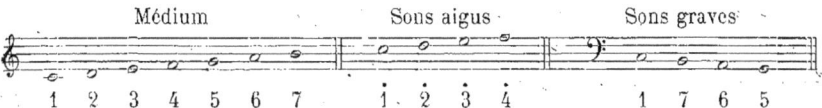

74. L'unité de durée (la noire) est représentée par *un* chiffre. Pour prolonger une note, on se sert encore du point, qu'on place *à droite* de cette note : 1 · — Le zéro (0) représente le silence. — Les croches s'indiquent par une barre placée au-dessus des notes : $\overline{1\ 1}$, $\overline{5\ 5\ 5}$.

EXEMPLES

Le dièse s'indique par un signe / (accent aigu), qui traverse la note d'un trait oblique, tracé de bas en haut : . — Le signe qui représente le bémol traverse la note de haut en bas : γ (accent grave).

Les notes affectées d'un dièse se prononcent *té* (do), *ré* (ré), *mé* (mi), *fé* (fa), *jé* (sol), *lé* (la), *sé* (si). — Les notes bémolisées se prononcent *teu* (do), *reu* (ré), *meu* (mi), *feu* (fa), *jeu* (sol), *leu* (la), *seu* (si).

Les barres de mesure, de reprise, les renvois, les points d'orgue et d'arrêt, sont les mêmes que dans la musique ordinaire.

75. TRANSPOSITION EN CHIFFRES

Tous les morceaux écrits en musique chiffrée sont toujours en *do* ou en *la* mineur. Les dièses et bémols ne sont qu'accidentels. Par exemple, pour exécuter une mélodie écrite en *mi*♭, on prend le *do* à la hauteur du *mi*♭, en ayant soin d'indiquer le ton au commencement du morceau.

TABLE ALPHABÉTIQUE DES MATIÈRES

CONTENUES DANS LA GRAMMAIRE

Abréviations	14
Accidents	10
Accolade	14
Accord parfait	18
Agrément (notes d')	32
Altérations (signes accidentels)	9
Altérations (signes constitutifs)	23
Appogiatures	32
Armature ou armure	23
Arpèges	18
Barres de mesure	11
Barres de reprise	13
Bâtons de mesure	14
Bécarre	10
Bémols, doubles-bémols	10
Bémols (gammes avec)	22
Bémols (ordre des)	22
Blanche	7
Chromatique (gamme)	27
Chromatique (demi-ton)	27
Clefs (sol, fa, ut)	6
Constitutifs (signes)	23
Contre-temps	13
Coulé	7
Croche	7
Degrés de la gamme	8, 17
Degrés conjoints	18
Degrés disjoints	18
Demi-ton diatonique	17
Demi-ton chromatique	27
Dessin mélodique	30
Diapason	17
Diatonique (gamme)	17
Dièse, double-dièse	10
Dièses (gammes avec)	21
Dièses (ordre des)	21
Dominante	17
Echelle musicale	8
Enharmonie	27
Fioritures	32
Gamme (composition de la)	8, 17
Gamme (ses degrés)	8, 17
Gamme (analyse de la)	20
Gammes diatoniques	24
Gammes diatoniques (tableau des)	24
Gamme majeure	17
Gamme mineure	23
Gamme mineure relative	24
Gammes chromatiques	27
Gammes chromatiques (tableau des)	27
Gammes enharmoniques	27
Gammes homonymes	28
Gammes homonymes (tableau des)	28
Gammes avec dièses	21
Gammes avec bémols	22
Gruppetto	32
Homonyme (gamme ou ton)	28
Intervalles (nom des)	9
Intervalles (comment les connaitre)	9
Intervalles majeurs	19
Intervalles mineurs	19
Intervalles conjoints	18
Intervalles disjoints	18
Intervalles simples	18
Intervalles composés	18
Intervalles augmentés	19
Intervalles diminués	19
Intervalles renversés	19
Intervalles diatoniques	27
Intervalles chromatiques	27
Liaison (valeur de durée)	7
Liaison (coulé)	7
Lignes supplémentaires	5
Médiante	17
Mélodie	5, 30
Mélodiques (ornements)	32
Mesure	11

Mesure (barres de)	11	Point de reprise	12
Mesure (bâtons de)	14	Port de voix	33
Mesures simples ou binaires	11	Portée	5
Mesures à 2, 4, temps	11		
Mesures à 2/2 et 3/8	11	Relatif (ton)	24
Mesures composées ou ternaires	11	Renvois	12
Mesures à 6/8, 9/8, 12/8	11	Reprise	10
Mesures (signification des chiffres)	11	Ronde	7
Mesures (manière de battre ces)	12	Rythme	11
Mesures peu usitées	14	Sensible	18
Mesure à 5 temps	14	Sextolet ou sixtain	13
Métronome	15	Silences (forme et valeur des)	8
Modales (notes)	18	Soupir	8
Mode	19	Syncope	13
Mode majeur ou mineur	19	Synonymes	27
Mode (manières de reconnaître le)	26		
Modulation	29	Temps dans la mesure	11
Mordant	33	Temps forts, temps faibles	11
Mouvements	15	Ton ou intervalle	8
Musique	5	Ton ou tonalité, gamme	17
		Ton et demi-ton	8, 17
Noire	7	Ton et demi-ton diatonique	27
Notes (nom des)	5	Ton et demi-ton chromatique	27
Notes (forme et valeur des)	7	Ton mineur	23
Notes (leur rôle dans la gamme)	17	Ton mineur relatif	24
Notes tonales et modales	18	Ton (comment le reconnaître dans les gammes avec dièses)	21
Notes mélodiques	32		
Notes homonymes	28	Ton (comment le reconnaître dans les gammes avec bémols)	22
Nuances	12		
		Tons voisins	29
Ornements mélodiques	32	Ton (changer de)	30
		Tétracordes	20
Pause et demi-pause	8	Tonales (notes)	18
Phrase ou période	30	Tonique	17
Phrasé	30	Transposition	28
Point. Signe de durée	7	Trille	33
Point (double-)	7	Triolet	13
Point d'orgue	13		
Point d'arrêt	13	Unisson	9
Éléments de musique chiffrée			34

TABLE DES MATIÈRES

CONTENUES DANS LE SOLFÈGE

PREMIÈRE PARTIE

BLANCHES, NOIRES, SILENCES, MESURES A 2, 3 ET 4 TEMPS

Avis généraux 5	Pause et demi-pause 15
Leçon pour apprendre à lire les notes 7	Le point (valeur de durée). 12
Intervalle de seconde (2 temps) . . 9	Le point d'orgue 17
Intervalle de tierce (2 et 3 temps) . 11	Le point d'arrêt 17
Intervalle de quarte (3 et 4 temps) . 16	Liaisons 18
Mesure à 2 temps 9	Coulé 18
Mesure à 3 temps 12	Barres de reprise 19
Mesure à 4 temps 14	Renvois 19
Mesure à 2/2 15	Exercices faciles sur les croches . . 20
Mesure à 3/8 25	Exercices faciles sur le fa ♯ 23
Soupir 10	Exercices faciles sur le si ♭ 24

DEUXIÈME PARTIE

EXERCICES SUR LES CROCHES, TRIOLETS, SYNCOPES ET CONTRE-TEMPS

Intervalles de tierce (croches) . . . 33	Exercices sur les bémols 50
Intervalles de quarte (croches) . . . 34	Triolets 52
Intervalles de quinte (noires) . . . 27	Sextolets ou sixains 56
Intervalles de quinte (croches) . . . 36	*Mesures composées ou ternaires*
Intervalles de sixte (noires) 29	
Intervalles de sixte (croches) . . . 38	Mesure à 6/8 57
Intervalles de septième (noires) . . 31	Mesure à 9/8 59
Intervalles de septième (croches) . . 39	Mesure à 12/8 61
Intervalles d'octave (noires) 32	Syncope 62
Intervalles d'octave (croches) . . . 39	Contre-temps 65
Noires pointées 40	Doubles-croches (2/4, 6/8) 67
Croches pointées 43	Doubles-croches (3/4, 9/8) 70
Double-point 45	Doubles-croches (4/4, 12/8) 73
Mesures incomplètes 45	Clef d'ut. Lecture des notes 80
Clef de fa. Lecture des notes . . . 46	Récapitulation de cette deuxième partie 76
Exercices sur les dièses 48	

TROISIÈME PARTIE

RÉCAPITULATION DE TOUS LES EXERCICES PRÉCÉDENTS
AU MOYEN DES GAMMES AVEC DIÈSES ET BÉMOLS

Gammes majeures avec dièses

Sol majeur.	81
Ré majeur.	83
La majeur.	85
Mi majeur.	88

Gammes majeures avec bémols

Fa majeur.	90
Si♭ majeur.	92
Mi♭ majeur.	95
La♭ majeur.	97

Gammes mineures avec dièses

La.	100
Mi.	102
Si.	104
Fa♯.	106

Gammes mineures avec bémols

Ré mineur.	109
Sol mineur.	111
Do mineur.	113
Fa mineur.	115

GAMMES DANS L'ORDRE SUCCESSIF DES NOTES

Ton de do majeur : Exercices de la première et de la deuxième partie

Do mineur.	113	Fa♯ mineur.	106
Ré majeur.	83	Sol majeur.	81
Ré mineur.	109	Sol mineur.	111
Mi♭ majeur.	95	La♭ majeur.	97
Mi majeur.	88	La majeur.	85
Mi mineur.	102	La mineur.	100
Fa majeur.	90	Si♭ majeur.	92
Fa mineur.	115	Si mineur.	104

APPENDICE

Mesures peu usitées

Mesures à 4/2, 3/2, 6/4, 9/4, 12/4, 2/8	117
Mesure à 5 temps.	117
Tons homonymes.	118
Tons homonymes (tableau des). . .	119
De l'enharmonie.	120
Abréviations.	121

Notes d'agrément

Appogiature.	122
Gruppetto.	123
Trille.	123
Port de voix.	123
Mordant.	123
Point d'orgue.	123

Versailles. — Vernède, Éditeur.

www.ingramcontent.com/pod-product-compliance
Lightning Source LLC
Chambersburg PA
CBHW060903050426
42453CB00010B/1545